AF199056

FSC
www.fsc.org

MIX

Papier aus ver-
antwortungsvollen
Quellen
Paper from
responsible sources

FSC® C105338

Peter Oberfrank

Fun and joy
(in englischer Sprache)
Spaß und Freude
(in deutscher Sprache)

Impressum:

Bibliografische Information der Deutschen Nationalbibliothek: Die Deutsche Nationalbibliothek verzeichnet diese Publikation in der Deutschen Nationalbibliografie; detaillierte bibliografische Daten sind im Internet über www.dnb.de abrufbar.

© 2019 Peter Oberfrank
Herstellung und Verlag
BoD - Books on Demand, Norderstedt

ISBN 9783748125792

Smiling (in englischer Sprache) is important in life

Lachen (in deutscher Sprache) ist wichtig im Leben

Clown (in englischer und deutscher Sprache)

Nature, trees and grass, small lake and rainbow, sun is shining (in englischer Sprache)

Natur, Bäume und Gras, kleiner See und Regenbogen, die Sonne scheint (in deutscher Sprache)

Butterfly (in englischer Sprache)

Schmetterling (in deutscher Sprache)

Indian (in englischer Sprache)

Indianer (in deutscher Sprache)

Rose (in englischer und deutscher Sprache)

colourful (in englischer Sprache)

farbenfreudig, bunt (in deutscher Sprache)

Feather (in englischer Sprache)

Feder (in deutscher Sprache)

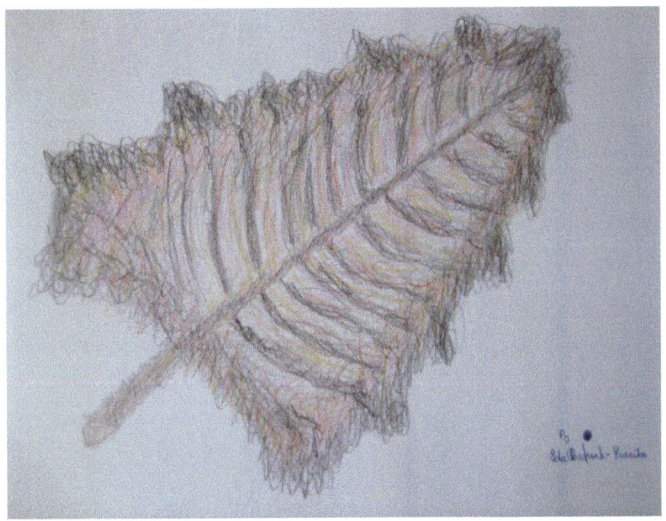

colourful butterfly (in englischer Sprache)

bunter Schmetterling (in deutscher Sprache)

Whitney Houston

Playing with numbers (in englischer Sprache)

Spielen mit Ziffern (in deutscher Sprache)

Paul Newman

Fireworks (in englischer Sprache)

Feuerwerk (in deutscher Sprache)

Love gives you wings (in englischer Sprache)

Liebe verleiht „Flügel" und große Freude (in deutscher Sprache)

Michelle Hunziker

Christmas tree in New York (in englischer Sprache) Weihnachtsbaum in New York (in deutscher Sprache)

Happy colours for ever (in englischer Sprache)

Viel Spaß mit Farben (in deutscher Sprache)

Fun (in englischer Sprache)

Spaß (in deutscher Sprache)

Nature (in englischer Sprache)

Natur (in deutscher Sprache)

House (in englischer Sprache)

Haus (in deutscher Sprache)

Ship (in englischer Sprache)

Schiff (in deutscher Sprache)

Sea (in englischer Sprache)

Meer (in deutscher Sprache)

Mosaic (in englischer Sprache)

Mosaik (in deutscher Sprache)

Colour (in englischer Sprache)
Farbe (in deutscher Sprache)

Heart (in englischer Sprache)

Herz (in deutscher Sprache)

Creativity (in englischer Sprache)

Kreativität (in deutscher Sprache)

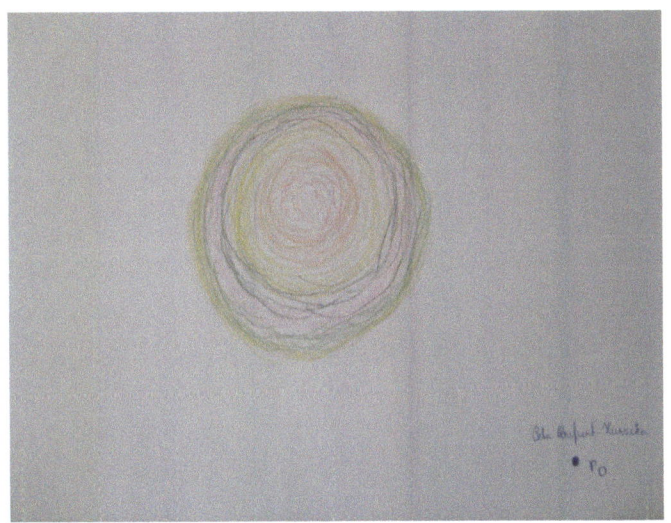

Life is a journey (in englischer Sprache)

Das Leben ist eine Reise in der Zeit (in deutscher Sprache)

Alle gezeichneten und gemalten Bilder sind von Peter Oberfrank, geboren am 27. November 1971 in Innsbruck (Österreich), gezeichnet und gemalt worden.

Das Leben ist eine
Reise in der Zeit
mit Lachen

…….....